# BEI GRIN MACHT SICH IHR WISSEN BEZAHLT

- Wir veröffentlichen Ihre Hausarbeit, Bachelor- und Masterarbeit

- Ihr eigenes eBook und Buch - weltweit in allen wichtigen Shops

- Verdienen Sie an jedem Verkauf

Jetzt bei www.GRIN.com hochladen und kostenlos publizieren

**Bibliografische Information der Deutschen Nationalbibliothek:**

Die Deutsche Bibliothek verzeichnet diese Publikation in der Deutschen Nationalbibliografie; detaillierte bibliografische Daten sind im Internet über http://dnb.d-nb.de/ abrufbar.

Dieses Werk sowie alle darin enthaltenen einzelnen Beiträge und Abbildungen sind urheberrechtlich geschützt. Jede Verwertung, die nicht ausdrücklich vom Urheberrechtsschutz zugelassen ist, bedarf der vorherigen Zustimmung des Verlages. Das gilt insbesondere für Vervielfältigungen, Bearbeitungen, Übersetzungen, Mikroverfilmungen, Auswertungen durch Datenbanken und für die Einspeicherung und Verarbeitung in elektronische Systeme. Alle Rechte, auch die des auszugsweisen Nachdrucks, der fotomechanischen Wiedergabe (einschließlich Mikrokopie) sowie der Auswertung durch Datenbanken oder ähnliche Einrichtungen, vorbehalten.

**Impressum:**

Copyright © 2018 GRIN Verlag
Druck und Bindung: Books on Demand GmbH, Norderstedt Germany
ISBN: 9783668692497

**Dieses Buch bei GRIN:**

https://www.grin.com/document/423686

Simone Bauer

# Alternativen zu Doping im Leistungssport

GRIN Verlag

**GRIN - Your knowledge has value**

Der GRIN Verlag publiziert seit 1998 wissenschaftliche Arbeiten von Studenten, Hochschullehrern und anderen Akademikern als eBook und gedrucktes Buch. Die Verlagswebsite www.grin.com ist die ideale Plattform zur Veröffentlichung von Hausarbeiten, Abschlussarbeiten, wissenschaftlichen Aufsätzen, Dissertationen und Fachbüchern.

**Besuchen Sie uns im Internet:**

http://www.grin.com/

http://www.facebook.com/grincom

http://www.twitter.com/grin_com

2017/2018

# Alternativen zu Doping im Leistungssport

Simone Bauer

Klasse 10d

20. April 2018

# Inhalt

Inhalt ............................................................................................................................ 2
1. Einleitung ................................................................................................................ 3
2. Alternativen zu Doping im Leistungssport ............................................................. 4
   2.1 Definition von Dopingmitteln ............................................................................ 4
      2.1.1 Zusammensetzung von Schmerzmitteln ..................................................... 5
      2.1.2 Wirkung im und Auswirkungen auf den Körper .......................................... 6
      2.1.3 Die Zusammensetzung des Proteinpulvers ................................................. 7
      2.1.4 Die Aufnahme eines Proteinpulvers ........................................................... 7
      2.1.5 Die Auswirkungen auf den Körper .............................................................. 8
   2.2 Snus – das Schwedische Doping? ....................................................................... 8
      2.2.1 Die Zusammensetzung eines Snuspäckchen .............................................. 9
      2.2.2 Die Benutzung von Snus ............................................................................. 9
      2.2.3 Die Auswirkungen von Snus auf den Körper ............................................ 10
3. Fazit ....................................................................................................................... 11
4. Anhang .................................................................................................................. 12

## 1. Einleitung

„Die sind doch alle gedopt!" - Ein Satz, den man sehr häufig bei großen Sportevents hört. So auch 2018 bei den Olympischen Winterspielen in Pyeongchang. Jedes Land stellt ein Team für die Olympiade, alle außer Russland, welches des Staatsdopings überführt wird und nicht teilnehmen darf. Manche russische Sportler, welche nachweisen können, dass sie nicht gedopt sind, können sich unter der olympischen Flagge den olympischen Traum erfüllen. Diese olympischen Spiele sind ein bekanntes Beispiel für Doping im Profisport. Aber auch bei Amateuren kann man immer mehr "Aufputschmittel" finden, um bessere Ergebnisse zu erreichen. Um nicht gesperrt zu werden nur Mittel genommen, die nicht auf der internationalen Dopingliste des IOC stehen. Doch welche Mittel sind erlaubt? Wie werden sie angewendet? Was sind die Inhaltsstoffe und kann der Körper davon langfristige Schäden bekommen? Mit diesen Fragen wird sich in den folgenden Seiten beschäftigt.

## 2. Alternativen zu Doping im Leistungssport

Viele Leistungssportler nehmen aufputschende Mittel. Sie versuchen damit bessere Leistungen abzurufen und Schmerzen, o.ä. zu unterdrücken, um häufiger trainieren zu können. Doch häufig sind diese Mittel gesundheitsgefährdend und die Einnahme ist strengstens untersagt. Doch was ist die genaue Definition und wie werden sie eingenommen? All diese Fragen werden nun versucht geklärt zu werden.

### 2.1 Definition von Dopingmitteln

Das Internationale Olympische Komitee (IOC) definiert Doping folgendermaßen: „Doping ist die beabsichtigte oder unbeabsichtigte Verwendung von Substanzen aus verbotenen Wirkstoffgruppen und die Anwendung verbotener Methoden entsprechend der aktuellen Dopingliste."[1]

Zudem können Dopingmittel grob zwischen einem schwarzen, einem weißen und einem grauen Bereich unterteilt werden:

Im weißen Bereich liegen Dopingmittel, die ohne Ausnahme zulässig sind, wie z.B. Impfstoffe oder die meisten in der Apotheke erhältliche Arzneimittel. Im grauen Bereich sind Dopingmittel, die teilweise toleriert werden, wie z. B. bestimmte Allergika, die eingenommen werden können, wenn ein ärztliches Attest vorliegt. Liegt dies nicht vor unterliegt das Dopingmittel dem schwarzen Bereich. Dopingmittel, die dem schwarzen Bereich, sind ohne Ausnahme verboten. Dies bedeutet, wenn diese Mittel bei einem Dopingtest nachgewiesen werden, kann davon ausgegangen werden, dass die untersuchte Person sich nicht mehr aus der Situation retten kann und dass

---

[1] Dreher, E.K.; Kuss, M., Doping, https://www.planet-wissen.de/gesellschaft/sport/doping_gefaehrliche_mittel/index.html

sie mit hohen Strafen rechnen kann. Darunter zählen u.a. Anabole Substenzen oder künstlich eingenommene Hormone.[2]

| Weißer Bereich | Grauer Bereich | Schwarzer Bereich |
|---|---|---|
| Zulässige Mittel | Tolerierte Mittel | Verbotene Mittel |

## 2.2 Die Einnahme von Schmerzmitteln

Immer häufiger werden von Profisportlern Schmerzmittel eingenommen. Diese sollen dem Sportler helfen kleine Schmerzen oder Störungen im Bewegungsapparat zu vergessen und ihn dennoch spieltauglich zu machen. Dies hat leider nicht nur den positiven Effekt, schmerzfrei spielen zu können, sondern ist leider in vielen Fällen bei regelmäßigem Verzehr auch schädlich für den Körper, z.B. den Magen.

Im Folgenden sind Zusammensetzung, sowie die Benutzung, die Wirkungen im und Auswirkungen auf den Körper beschrieben.

### 2.2.1 Zusammensetzung von Schmerzmitteln

Schmerzmittel haben meistens den Wirkstoff Ibuprofen oder Paracetamol. Diese Wirkstoffe gehören zu der Gruppe der nichtsteroidalen Antirheumatika (NSAR). „Als nichtsteroidale Antirheumatika, kurz NSAR, bezeichnet man entzündungshemmende Medikamente" [3] Die

---

[2]https://www.planet-wissen.de/gesellschaft/sport/doping_gefaehrliche_mittel/pwiemittelundmethoden100.html
[3]Nicolay, N., Nichtsteroidales Antirheumatikum, http://flexikon.doccheck.com/de/Nichtsteroidales_Antirheumatikum?utm_source=www.doccheck.flexikon&utm_medium=web&utm_campaign=DC%2BSearch

drei Hauptwirkungen sind antiphlogistisch (entzündungshemmend), antipyretisch (fiebersenkend) und analgetisch (schmerzhemmend).[4]

Ebenso wie Ibuprofen etc. ist auch Aspirin ein beliebtes Schmerzmittel. Im Gegensatz zu den anderen Schmerzmitteln steht Aspirin aber auf der Liste der Dopingmittel.

### 2.2.2 Wirkung im und Auswirkungen auf den Körper

Der enthaltene Wirkstoff in den Schmerzmitteln, z.B. Paracetamol, bindet an den synaptischen Spalt im Gehirn und verhindert somit die Weitergabe des Schmerzreizes, wie in Abb. 1 dargestellt ist. Dadurch kommt im Gehirn kein Schmerzreiz mehr an, wodurch keine Schmerzen mehr verspürt werden.[5] Dies kann auf lange Sicht dazu führen, dass man immer mehr Schmerztabletten nehmen muss, um den Schmerz nicht mehr zu spüren.

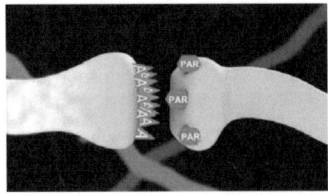

Abb.1: Die Blockierung des Schmerzreizes im Gehirn

Dann ist eine Schmerztablettenabhängigkeit eine mögliche Folge. Zudem kann die häufige Einnahme von Schmerztabletten Organe, wie z.B. den Magen schädigen. Die Schmerztabletten greifen die Wände vom Magen an, da sie den Bau von Cyclooxygenase stoppen und so die Magenschleimhaut zerstört wird. Außerdem wird die Entstehung von Magengeschwüren begünstigt.

---

[4] Ebd.
[5] Wittig, F., So wirken Aspirin, Paracetamol & Co., https://www.swr.de/odysso/schmerzmittel-so-wirken-aspirin-paracetamol-co/-/id=1046894/did=11046742/nid=1046894/mw6zzp/index.html

## 2.3 Proteinpulver als Nahrungsergänzungsmittel

Wenn man heutzutage in einen Supermarkt o.ä. schaut, sieht man immer mehr sogenannte „Proteinpulver". Diese Pulver werden vor allem von Sportlern als Shakes oder Riegel eingenommen, z. B. zur Unterstützung des Muskelaufbaus. Aber auch zu diätetischen Zwecken werden diese Nahrungsergänzungsmittel immer mehr verwendet.

Im Folgenden werden die Zusammensetzung des Proteinpulvers, die Aufnahme eines Proteinpulvers und die Auswirkungen auf den Körper beschrieben.

### 2.3.1 Die Zusammensetzung des Proteinpulvers

Der Großteil eines Proteinpulvers, nämlich bis zu 98% besteht aus Proteinmasse, also aus reinem Protein. Dies kann sowohl tierischen als auch pflanzlichen Ursprungs sein. Die restlichen Anteile sind Emulgatoren, also Bindungsmittel. Häufig sind in Proteinpulver noch Geschmacksstoffe, damit der fertige Proteinshake nicht so einfältig schmeckt.

### 2.3.2 Die Aufnahme eines Proteinpulvers

Zuallererst gibt es die Einteilung in Proteinshakes und Proteinriegel. Diese zwei Produkte sind die häufigste Form zur Aufnahme von Proteinen als Nahrungsergänzungsmittel. Für Proteinshakes wird einfach ein geeignetes Pulver mit Wasser oder Milch, kann auch Sojamilch sein, ordentlich verrührt, um anschließend verzehrt zu werden.

Man kann aber auch Proteinriegel kaufen, bei diesen liegt der Proteinanteil zwischen 25% und 50%, also deutlich weniger als bei reinem Proteinpulver. [6]

### 2.3.3 Die Auswirkungen auf den Körper

Proteinpräparate geben Körperzellen ihre Struktur und können daher im Muskelaufbau helfen, weshalb sie bei Sportlern extrem beliebt sind. Außerdem können Proteine Signalstoffe erkennen und chemische Reaktionen im Körper katalysieren. Darüber hinaus sind Proteine sehr sättigend, dadurch kann es passieren, dass man zwar genügend Eiweiße zu sich nimmt, aber dafür andere essentielle Nährstoffe außer Acht lässt. Zudem kann zu viel Protein die Niere belasten und letztendlich zu Nierenschäden führen. Außerdem kann es bei übermäßigem Konsum zu Magen- und Verdauungsproblemen kommen.[7]

### 2.4 Snus – das Schwedische Doping?

Ein heutzutage immer häufiger auftretendes „legales Dopingmittel" ist Snus. Dieses Mittel, welches vor allem von Fußballern und anderen Teamsportlern genutzt wird, kommt ursprünglich aus Schweden. Dort trat es als Ersatz für Zigaretten erstmals 1822 auf und ist heute sogar populärer als Zigaretten. So konsumieren 21,3% der Männer in Schweden Snus, wogegen nur knapp 18,1% rauchen[8].

---

[6] O.A., Eiweißpulver Vergleich 2018, https://www.vergleich.org/eiweisspulver/#ratgeber-was-haben-aminos-uren-mit-dem-muskelaufbau-zu-tun

[7] O.A., Eiweißpulver – Was ist das und wofür braucht man es?, https://www.daytraining.de/ernaehrung/eiweisspulver/

[8] O.A., Informationsblatt zu „Snus", http://www.kontaktco.at/shop/pdf/109-22.pdf

Die Zusammensetzung eines Snuspäckchens, die Benutzung des Snus und die Auswirkungen auf den Körper werden im Folgenden erläutert.

### 2.4.1 Die Zusammensetzung eines Snuspäckchen

Snus wird meist in kleinen, verschiedengroßen Beutelchen aus Zellulose verpackt, wie Abb.2 zeigt. Man kann ihn aber auch in loser Form kaufen. Snus besteht aus verschiedenen getrockneten Tabaken, die vorher erhitzt wurden, damit weniger krebserregende Nitrosamine, gebildet werden. Dazu kommt Wasser, sodass eine Art Schleim entsteht. Zudem wird Salz zur Erhaltung des pH-Wertes hinzugefügt, damit das im Tabak enthaltene Nikotin schneller im Körper verarbeitet werden kann. Manchmal werden dann noch Aromen zu dem Tabakgemisch gegeben, sodass der Snus aromatischer wird und nach verschiedenen Sorten schmeckt. [9]

### 2.4.2 Die Benutzung von Snus

Wenn man losen Snus nimmt, muss man diesen erst zu einer Kugel formen. Nimmt man Snuspäckchen kann der Snus direkt unter die Unter- oder Oberlippe geschoben werden, weshalb Snus auch als Oraltabak bekannt ist. Dort kann er zwischen 15 und 60 Minuten seine Wirkung entfalten, dann sollte er entnommen werden.[10] Ein Spieler der Fußball-Regionalliga beschreibt das Gfühl , nachdem der Snus seine Wirkung entfaltet hat folgendermaßen: „Du hast so das Gefühl, so bisschen beschwipst zu sein."[11]

Abb. 2: Verpackung des Snus in Snuspäckchen

---

[9]O.A., Snus, https://de.wikipedia.org/wiki/Snus
[10]O.A., Informationsblatt zu „Snus", http://www.kontaktco.at/shop/pdf/109-22.pdf
[11]Borchardt, L., Snus macht Sportler high, http://www.deutschlandfunk.de/doping-snus-macht-sportler-high.890.de.html?dram:article_id=397449

### 2.4.3 Die Auswirkungen von Snus auf den Körper

Da im Tabak viel Nikotin enthalten ist, fühlt man sich nach dem Gebrauch von Snus wacher und konzentrierter, aber auch entspannter, da das Nikotin Stress abbaut. Ein negativer Aspekt liegt darin, dass der Puls, sowie der Blutdruck und der Adrenalinspiegel erhöht werden, was auf lange Zeit ein höheres Risiko für Herz- und Gefäßerkrankungen darstellt. In verschiedenen Studien wird Snus zudem als Indikator für Bauchspeicheldrüsenkrebs genannt, was aber in anderen Studien nicht belegt werden konnte. Das Nikotin macht zudem abhängig, was die Gesundheitsrisiken noch verstärkt.

Ein weiteres Gesundheitsrisiko stellen die verschiedenen Inhaltsstoffe des Snus da. In einem Snuspäckchen können bis zu 28 verschiedene krebserregende Stoffe sein, wie z. B. Nitrosamin.

Ein weiterer Aspekt liegt darin, dass der Snus durch den Mund konsumiert wird, dadurch können irreversible Schäden am Zahnfleisch und an den Zähnen hervorgerufen werden, wie z.B. der Rückgang des Zahnfleisches.[12]

---

[12]O.A., Snus, https://de.wikipedia.org/wiki/Snus

## 3. Fazit

Wie man sieht gibt es ganz viele unterschiedliche Formen seine Leistung zu steigern. Egal ob Snus oder Schmerzmittel, solange der IOC diese Mittel nicht verbietet, werden sie wahrscheinlich noch verwendet. Um solche Vorfälle wie bei den Olympischen Winterspielen 2018 in Pyeongchang zu verhindern, kann man eigentlich nur die Dopingregeln verschärfen und versuchen, dass häufigere und bessere Kontrollen durchgeführt werden.

Trotz allen erlaubten Mitteln auf dem Markt, kann man nur einen Appell an alle Leistungssportler richten: Macht den Sport nicht durch Doping oder andere Mittel kaputt! Man kann auch ohne gewinnen!

# 4. Anhang

## Literaturverzeichnis

1. Borchardt, Laura (04.10.2017): Snus macht Sportler high, http://www.deutschlandfunk.de/doping-snus-macht-sportler-high.890.de.html?dram:article_id=397449, (29.03.2018)

2. Dreher, Kerstin Eva; Kuss, Melanie (16.05.2017): Doping, https://www.planet-wissen.de/gesellschaft/sport/doping_gefaehrliche_mittel/index.html, (29.03.2018)

3. Nicolay, Nils (o.J.): Nichtsteroidales Antirheumatikum, http://flexikon.doccheck.com/de/Nichtsteroidales_Antirheumatikum?utm_source=www.doccheck.flexikon&utm_medium=web&utm_campaign=DC%2BSearch, (30.03.2018)

4. O. A. (16.04.2018): Eiweißpulver Vergleich 2018, https://www.vergleich.org/eiweisspulver/#ratgeber-was-haben-aminos-uren-mit-dem-muskelaufbau-zu-tun, (27.03.2018)

5. O.A. (11.04.2018): Snus, https://de.wikipedia.org/wiki/Snus, (29.03.2018)

6. O.A. (21.08.2014): Snus – Die legale Eishockey-Droge, https://www.srf.ch/sendungen/puls/lifestyle/snus-die-legale-eishockey-droge, (29.03.2018)

7. O.A. (o.J.): Eiweißpulver – Was ist das und wofür braucht man es?, https://www.daytraining.de/ernaehrung/eiweisspulver/, (27.03.2018)

8. O.A. (o.J.): Informationsblatt zu „Snus", http://www.kontaktco.at/shop/pdf/109-22.pdf, (29.03.2018)

9. Wittig, Frank (28.03.2013): So wirken Aspirin, Paracetamol & Co, https://www.swr.de/odysso/schmerzmittel-so-wirken-aspirin-paracetamol-co/-/id=1046894/did=11046742/nid=1046894/mw6zzp/index.html, (30.03.2018)

10. Zittlau, Jörg (16.11.2007): Wenn die Wirkung voll daneben geht, https://www.welt.de/gesundheit/article1371338/Wenn-die-Wirkung-voll-daneben-geht.html, (07.04.2018)

## 4.2. Abbildungsverzeichnis

Abb. 1:     Die Blockierung des Schmerzreizes im Gehirn,
https://www.swr.de/odysso/schmerzmittel-so-wirken-aspirin-paracetamol-co/-/id=1046894/did=11046742/nid=1046894/mw6zzp/index.html

Abb. 2:     Verpackung des Snus in Snuspäckchen,
https://tse1.mm.bing.net/th?id=OIP.99Yd1rRKI8sI26L64w3JqAHaE8&pid=Api

# BEI GRIN MACHT SICH IHR WISSEN BEZAHLT

- Wir veröffentlichen Ihre Hausarbeit, Bachelor- und Masterarbeit

- Ihr eigenes eBook und Buch - weltweit in allen wichtigen Shops

- Verdienen Sie an jedem Verkauf

Jetzt bei www.GRIN.com hochladen und kostenlos publizieren